雷锋的故事 7

主　　编　张仲国　张　平

执行主编　孙艳飞

编　　者　李　丽　周洪娣　魏锦京
　　　　　郭　赞　张秀丽　韩　晶

U0921214

辽宁师范大学出版社

·大连·

我叫解放军

有一天，雷锋要去乘坐火车。他刚走到检票口，就发现一群人围在一起，不知发生了什么事。

他走上前去一看，一个慌张的大嫂领着一个哇哇大哭的小姑娘。雷锋关切地问道：“大嫂，别着急，发生什么事了？”

大嫂焦急地说：“我把火车票弄丢了，坐不了火车了。”雷锋连忙说：“别着急，我帮你们再买一张吧！”

大嫂为难地低下头，小声说：“我身上的钱已经不够再买张火车票了。”雷锋笑着对大嫂说：“跟我来吧，我给你们买。”

雷锋抱起小姑娘，带着大嫂来到了售票窗口，用自己的钱帮她们买了一张火车票。

大嫂接过了火车票，激动地连声说：“谢谢你，小兄弟，你叫什么名字？住在哪里？我得把车票钱寄给你啊！”

雷锋笑着说：“不客气，你快带着孩子去赶火车吧！”

大嫂紧紧地拉着雷锋的手说：“你要不告诉我你的名字和地址，我就不走了。”雷锋想了想说：“我叫解放军，我住在中国。”

说完，雷锋冲她们挥了挥手，大步流星地走远了。大嫂喃喃自语：“我叫解放军，我住在中国……”

做个好班长

1961 年 8 月，雷锋被任命为运输连四班班长。

雷锋想，要管好一个班，这可不是一件容易的事。

雷锋当班长没几天，班里就有两位小战士吵起架来。几天后，又发生了两次战士不团结的事。

雷锋犯愁了，怎么办呢？经过反复思考，他终于想出了一个好办法。他把大家组织在一起，学习毛主席的著作《为人民服务》等文章。

17-24-13

雷锋还给战士们讲了十根筷子的故事。

一根筷子两手一掰就断，但十根筷子捆在一起，就不容易掰断了。只有大家团结，才能产生强大的力量。

大家听了雷锋讲的故事，不知不觉脸都红了，觉得自己真的做错了。

一名战士说：“班长，我明白了，是我错了，我不应该因为一点儿小事和战友吵架。我们只有团结，才能干好工作。”

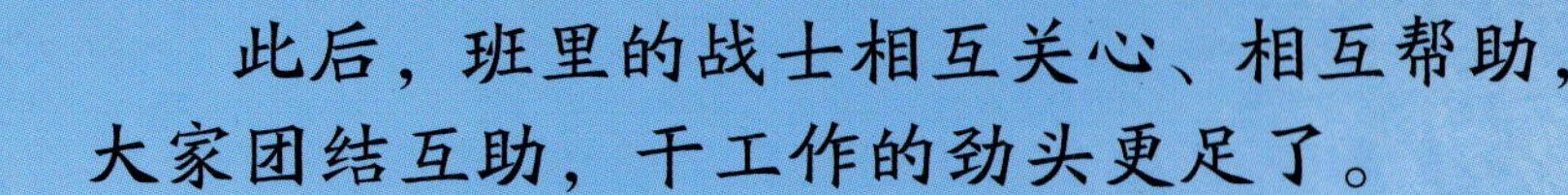

此后，班里的战士相互关心、相互帮助，大家团结互助，干工作的劲头更足了。